POT-POURRI.

PRIX, 3o CENTIMES.

PARIS,

Chez CORRÉARD, libraire, Palais-Royal, galerie de bois.

4 mai 1820.

POT-POURRI.

1.

On a beaucoup murmuré contre un honorable député du côté gauche, parce qu'il avait donné l'épithète de *conspiratrice* à une loi proposée au nom de Sa Majesté. On se rappelle avec quelle aigreur l'orateur qui lui a succédé à la tribune, a relevé cette expression qu'il trouvait inconvenante et même inconstitutionnelle ; eh bien ! je viens de lire dans un journal soumis à la censure une phrase ainsi conçue : « Que parle-t-on de conspiration ? aujour- « d'hui ce sont *nos lois qui conspirent* : ce qui rappelle « les paroles de Tacite : *Tunc legibus laborabatur.* » De quelle feuille croiriez-vous que ce passage est extrait ? Vous allez vous figurer d'abord que c'est du plus fougueux journal *libéral*, vous êtes dans l'erreur ; c'est dans la *Quotidienne* que je l'ai trouvé, et ce qui vous surprendra peut-être encore davantage, c'est M. Henri de Bonald qui en est l'auteur.

Il est facile de deviner quelles sont les lois que les ultrà appellent conspiratrices ; on n'a pas oublié leurs déclamations journalières contre la loi d'élection , contre la loi de recrutement et contre la loi sur la liberté de la presse. Toutes ces lois ont droit à leur haine et à leur jalousie , puisqu'elles sont conformes aux principes que renferme la charte ; puisque , par la première , tous les citoyens qui remplissent les conditions imposées par la constitution , concourent à nommer les représentans de la nation , sans distinction de caste ni de catégorie ; puisque , par la seconde, tous les enfans de la patrie sont également appelés à la défendre , et à partager les honneurs et les récompenses accordées aux talens et aux services ; enfin puisque , par la troisième, tous les Français ont le droit de publier leurs opinions en se conformant aux lois de répression.

Ces lois consacrant *l'égalité politique* , je ne suis pas étonné qu'elles soient l'objet des attaques des oligarques , qui ne peuvent souffrir aucune idée d'égalité. Ce n'est pas assez pour eux de partager les bénéfices de l'association ; il leur faut quelque chose de plus ; c'est-à-dire, il leur faut des titres , des honneurs, des pensions. Mais la Charte, dira-t-on, ne leur interdit point l'accès aux emplois et aux dignités. S'ils aiment la gloire, toutes les carrières leur sont ouvertes. Un reste de préjugé, qui combat encore en leur faveur, leur permet de s'y présenter avec plus de confiance que les autres citoyens ; à mérite égal , ils sont sûrs de l'emporter. S'ils sont avides des jouissances que procure une grande fortune , il leur est loisible de se livrer aux spéculations commerciales , ils peuvent fonder des établissemens , des manufactures ; mais les *honnêtes gens,* c'est-à-dire les hommes de l'ancien régime , dédaigneraient de s'enrichir par les mêmes moyens que les roturiers : d'ailleurs il est reçu parmi eux de déprécier les fortunes qui sont le fruit de l'industrie, pour exalter les avantages de la grande propriété.

Ces gens-là trouvent bien plus commode de recevoir que d'acquérir. Par exemple, un gentilhomme qui se destine au noble métier des armes, rougirait de passer par les grades de sous-officiers; il se croirait déshonoré s'il portait le mousquet dans une légion comme le fils d'un bourgeois ou d'un négociant. Si la loi ne lui permet pas d'obtenir d'emblée un brevet de lieutenant ou de capitaine, il trouvera toujours le moyen d'entrer dans un corps privilégié, où il ne portera point le nom et l'uniforme de soldat; et cependant, nos plus grands généraux ont servi dans les rangs inférieurs de l'armée; mais qu'est-ce qu'un Massena, un Joubert, un Lannes, un Junot, etc. ? ce ne sont que des *officiers de fortune*, qui, sans la révolution, ne seraient jamais parvenus au grade de capitaine.

Il en est de même dans l'administration civile. Les hommes de l'ancien régime ne peuvent se résoudre à débuter dans des emplois subalternes, ou du moins à les exercer long-temps, s'ils n'ont l'espoir de parvenir bientôt aux places supérieures, non par droit d'ancienneté, mais par le crédit de tel et tel courtisan qui a l'oreille du premier ministre. Il faut avouer, cependant, qu'on remarque une amélioration sensible dans l'esprit de la noblesse depuis la révolution. Dans l'ancien régime un homme qui comptait une longue suite d'aïeux, aurait cru déroger en entrant dans la magistrature ou dans les finances; aujourd'hui la noblesse s'accommode fort bien de toutes les places qui sont lucratives : peut-être qu'elle se dégagera aussi peu à peu des autres préjugés dont elle est imbue, mais je n'ose pas trop l'espérer.

Ce que les ultra doivent le plus regretter de l'ancien

régime , c'est, j'en suis sûr , l'influence de la cour. On ne sait plus guère , aujourd'hui, ce que c'est qu'un homme puissant en cour ; tandis qu'autrefois , c'était un homme fort important. Les ministres faisaient les ordonnances et les édits , le roi les signait , et le parlement les enregistrait; aux courtisans appartenait la distribution des grâces et des emplois. C'étaient les courtisans qui nommaient les fermiers-généraux , les intendans des provinces , et quelquefois les chefs des armées.Pour réussir à la cour,il ne fallait point avoir fait preuve d'un grand talent, ou d'un beau caractère ; il fallait avoir seulement assez d'art et de souplesse , pour gagner les bonnes grâces du souverain , en flattant ses passions , en ayant l'air de respecter également sa maîtresse et son confesseur.

Pour connaître l'esprit qui régnait à la cour , on n'a qu'à lire les mémoires du temps, et l'on verra que l'intrigue et la bassesse excluaient presque toujours le mérite réel. Aussi Turenne , Villars ont- ils toujours eu peu de crédit à la cour , tandis que Villeroi et autres courtisans y jouissaient de la plus grande faveur. Comme il ne fallait être que médiocre et rampant pour devenir un courtisan habile, je crois que nos ultrà d'aujourd'hui auraient un grand avantage sur nous autres vilains , si la cour reprenait son ancienne influence.

Soyons justes et vrais , les aristocrates connaissent beaucoup mieux que nous les lois de l'étiquette ; ils ont des manières plus douces, un caractère moins rèche , que les indépendans dont les formes sont un peu *démocratiques*. Ceux-ci ont une certaine fierté qui ne plie pas facilement ; ils ont la vanité de se croire égaux aux grands seigneurs dont la généalogie remonte au temps des croisades. Où est la source du mal ? Elle est dans ces lois qui consacrent le principe de l'*égalité politique*, dans ces maudites lois par lesquelles les libéraux conspirent à renverser la *monarchie*, comme le dit fort bien M. de Bonald : donc il faut détruire ces lois. Mais si malheureusement le principe de l'égalité politique était conforme aux dispositions de la Charte ; eh ! qu'importe ? il s'agit bien de la Charte, et de ses dispositions.

II.

Le dialogue suivant a été recueilli par un de mes parens, habitant du Faubourg-Saint-Antoine, qui me l'a transmis en me priant de l'arranger pour le beau monde et de le publier. J'ai pensé que ce serait gâter le style de ce dialogue, que de lui ôter de sa naïveté ; je le donne donc ici tel que je l'ai reçu.

LES BIZETS AU CORPS DE GARDE.

Dialogue entre le père Besogne et Cadet moderne, tous deux ouvriers du faubourg Saint-Antoine, de garde à la Mairie.

Cadet moderne. Ah ça, père Besogne, vous qui êtes de ce temps-là, puisque vous portez la queue, faites-moi le plaisir de me dire ce qu'ils entendent par là dans notre Journal où ils parlent toujours de l'ancien régime que les libéraux ne veulent pas, et que les aristocrates veulent, soi-disant, rétablir ?

Le père Besogne. Parbleu, mon garçon, je le veux bien. Tu es bien heureux de ne connaître l'ancien régime et les aristocrates que de nom. Plaise à Dieu qu'il n'en soit jamais autrement ! Vous devez être bien contens, vous autres enfans de la révolution, que les gens qui portent la queue vous aient débarrassés de tout cela avant votre baptême ; vous avez trouvé le pain cuit ; ce n'est pas comme nous qui avons été forcés de mettre la main à la pâte.

Cadet moderne. Voilà déjà que je n'y entends plus rien. Quand vous en êtes sur ce chapitre, père Besogne, vous vous montez comme une soupe au lait, et puis vous voilà parti. Vous vous battez les flancs à crier contre les aristocrates, sans dire seulement de quels pays sont ces gens-là, d'où ils venaient, ni ce qu'ils voulaient. Commencez donc par me dire ce que c'est que cette nation-là. Autant que je me le rappelle, il n'y en avait pas parmi les cosaques de 1814 et 1815 ; j'y ai bien vu des russes, des anglais, des prussiens, et puis, je crois, une nation que vous appeliez des *kinzerliques* et qui portaient des branches de buis et de laurier, comme pour dire qu'ils nous avaient battus ; dans tout cela, je n'ai pas vu d'aristocrates.

Le père Besogne. Il y en avait plus d'un pourtant, et ce n'est même que depuis ce temps-là qu'ils ont reparu en France. Tu ne les a pas distingués, parce qu'ils ne s'appelaient point par leur vrai nom, et qu'ils parlaient français ; mais, sois en sûr, Cadet moderne, il y en avait plus d'un parmi ces bandes de cosaques qui ont défilé par le boulevard Saint-Antoine, après le 30 mars.

Cadet moderne. Est-ce que vous les avez reconnus, vous, père Besogne ?

Le père Besogne. Cela n'était pas malaisé ; tu n'as qu'à te rappeler ces voltigeurs qui rôdaient autour des Tuileries avec des épaulettes et des *brochetées* de croix de toutes couleurs sur des habits bourgeois, et des épées qui leur battaient les jambes.

Cadet moderne. Ah ! oui, comme le suisse de Sainte-Marguerite ; je me rappelle aussi qu'ils passaient et repassaient toujours devant notre corps-de-garde, comme pour se faire porter les armes tant et plus.... Eh ! bien, qu'était-ce que ces gens-là ?

Le père Besogne. Des aristocrates, mon garçon, des aristocrates.

Cadet moderne. Bah ! on disait que c'étaient des Français.

Le père Besogne. Malheureusement c'en était, mon cher Cadet.

Cadet moderne. Des français qui avaient servi dans les Cosaques ! Ça ne se peut pas, père Besogne, ça ne se peut pas.

Le père Besogne. Ah ! mon garçon, tu ne crois pas cela possible, je le conçois bien. Vous autres jeunes gens, vous ne croyez pas qu'un français puisse se battre contre son pays : on voit bien que nous ne sommes que du pauvre monde.

Cadet moderne. Pauvre monde, tant qu'il vous plaira. Toujours y a-t-il que cela me paraît fort à moi, d'aller se battre contre son propre pays, et surtout de venir ensuite s'y faire porter les armes.

Le père Besogne. Voilà pourtant ce qu'ont fait les aristocrates depuis vingt-cinq ans, et ce qu'ils feraient encore au besoin.

Cadet moderne. Si l'envie leur en venait, père Besogne, ils trouveraient à qui parler, et, pour ma part, je ne mettrais ni ma langue ni mes mains dans mes poches.

Le père Besogne. Tu ferais comme ton brave homme

de père, mon garçon ; plaise à Dieu qu'il ne t'en arrive pas autant qu'à lui !

Cadet moderne. Mon père est mort en se battant pour la nation ; est-ce que vous appellez cela un malheur vous, père Besogne ? croyez-vous que cela me fasse peur ?

Le Père Besogne. Je ne dis pas cela, mon cher Cadet; le proverbe n'est pas faux; *bon chien, chasse de race,* et si les aristocrates . . . . .

Cadet moderne. Est-ce que mon père s'est battu contre les arristocrates ? ma mère me disait encore, il n'y a pas huit jours, qu'il avait été tué dans la Vendée, et certainement les cosaques qui nous ont ramené les aristocrates ; ne venaient pas de ce pays-là. Notre journal disait, il n'y a pas long-temps, que les Vendéens sont de bons Français s'il en fut jamais.

Le père Besogne. Le journal parlait des Vendéens de la Vendée, et il avait bien raison. Aujourd'hui les Français de ce pays-là, sont tous anssi bons patriotes que toi et moi ; mais tu ne sais pas que dans le temps où ton père et moi nous nous battions contre eux, une partie des aristo-crates de tous les coins de la France s'étaient réunis dans la Vendée, avaient forcé les paysans à se battre avec eux, et à faire la guerre à la nation , pendant que d'autres aris-tocrates étaient allés endosser l'uniforme chez l'étranger, afin de l'amener en France.

Cadet moderne. Cela n'était pas si mal imaginé ! Mais, à ce que m'a dit ma mère, les aristocrates de la Vendée furent forcés d'aller rejoindre leurs camarades peu de temps après la mort de mon père ?

Le père Besogne. Pas tous malheureusement ; il en

resta une bonne partie en France pour servir d'espion aux autres ; et dans l'occasion , ils n'ont jamais manqué de faire leur métier.

Cadet moderne. Puisque vous étiez les plus forts , il fallait leur donner la clef des champs , des feuilles de route à trois sous par lieue , la voiture et le pain blanc..... Une fois dehors.....

Le père Besogne. C'était bien l'avis de ceux qui voyaient clair dans les affaires ; mais , vois-tu , les gros bonnets de la république n'étaient pas si fâchés contre les aristocrates qu'ils voulaient nous le faire croire ; et même il a été bien prouvé depuis qu'ils s'entendaient sous main.

Cadet moderne. Ah ça ! père Besogne , comment la querelle était-elle venue ? Voilà ce que je voudrais savoir ; car , au fait , il me semble qu'entre gens du même pays , on ne se bat pas pour rien.

Le père Besogne. Il y en a long à dire là-dessus. Mais pour couper au plus court , imagine-toi que dans l'ancien régime , les aristocrates s'étaient mis dans la tête qu'ils étaient d'une autre pâte que le reste de la nation. Ils prétendaient qu'ils ne devaient pas payer les impôts ; que tout leur était permis ; que toutes les places leur appartenaient de droit , et que le peuple (comme qui dirait nous autres ouvriers et gens de boutique) n'était au monde que pour les servir et leur céder le pas en toute occasion ; qu'il ne lui était pas permis de réclamer contre leurs caprices ; ils nous appelaient *vilains*, c'est-à-dire *rustauts , canaille ;* enfin , pour te donner une idée de leur probité , les aristocrates prétendaient qu'un ouvrier ou un marchand ne pouvait pas les forcer à lui payer ce qu'ils lui devaient.

Cadet moderne. Il n'y avait donc pas d'huissiers dans ce temps-là, père Besogne ?

Le père Besogne. Si fait parbleu ; mais un huissier qui se serait avisé de leur présenter un mémoire avec sommation , aurait couru grand risque de recevoir la monnaie de sa pièce sur les épaules , et les plus hardis ne s'y frottaient qu'en tremblant.

Cadet moderne. Tiens ! mais c'était tout commode pour les aristocrates. *Qui ne paie rien ne se ruinera pas* , dit le proverbe ; ils n'étaient pas si bêtes les aristocrates !

Le père Besogne. Heureusement, le peuple se lassa de l'être un beau jour ; le roi ayant besoin d'argent, fut obligé d'assembler la nation tout entière ; les aristocrates et les prêtres refusèrent de se cotiser avec nous.

Cadet moderne. Les prêtres aussi ? Eh bien ! à la bonne heure. Voilà d'honnêtes gens.

Le père Besogne. Ce moyen leur réussit assez mal. Le peuple fit tant, d'accord avec le roi, qu'on rendit une loi qui leur prescrivait de financer comme nous autres , et de nous regarder comme gens qui les valaient bien.

Cadet moderne. Et eux ne voulurent pas de cette loi , j'en suis sûr ?

Le père Besogne. Ils préférèrent sortir de France, pour aller chercher les étrangers, espérant, comme ils le disaient , *remonter sur leur bête ;* c'est-à-dire , nous faire payer comme par le passé, et nous forcer....

Cadet moderne. — N'allez pas plus loin, père Besogne , me voilà au fait à présent ; et quand le Journal dit que les aristocrates veulent rétablir l'ancien régime , il entend par là qu'ils veulent prendre la permission de nous faire banqueroute sans que cela tire à conséquence.

Le père Besogne. — Ils ont bien d'autres prétentions, que tu ne connais pas, et qui ne seraient pas plus de ton goût que du mien... A propos, voilà le caporal qui m'appelle en faction, un jour nous causerons de tout cela plus à notre aise...

Cadet moderne. — Ce n'est pas de refus, père Besogne ; mais ce que vous m'en avez dit me suffira pour comprendre le journal, et voyez-vous, si les aristocrates veulent, comme il le dit, *remonter sur leur bête*, pour ma part je serai diablement rétif, et gare les ruades !

III.

Lorsqu'un pauvre journaliste s'est sauvé du terrain difficile et glissant de la politique dans le champ de la littérature, il s'imagine s'être mis à l'abri des ciseaux de la censure. C'est une erreur dont je me fais un devoir de prévenir MM. les rédacteurs de feuilles périodiques. Le morceau suivant, supprimé dans la *Renommée*, leur donnera la mesure de la circonspection dont ils doivent user, dorénavant.

« *Aux Missionnaires de l'irréligion* », par P. A. Viellard, membre de la société Philotéchnique. Chez Ponthieu, libraire au Palais-Royal ; et chez Béchet aîné, libraire de la *Renommée*, quai des Augustins, n° 57.

« Le titre de cet ouvrage, dit l'auteur, en indique suffisamment l'intention et le but. » Cet intention n'était probablement pas de flatter le pouvoir et d'obtenir une place lucrative ; M. Viellard n'est ni courtisan, ni intéressé ; son petit dialogue entre l'*Hymen* , le *Danube* et la *Seine* , fut, n'en doutons pas , une satire déguisée sous la louange, et s'il n'a pas renoncé aux émolumens de ses nouvelles fonctions, c'est qu'aujourd'hui il n'y a que les libéraux qui fassent de ces choses-là. Il paraît que c'est aussi par crainte d'être pris pour un homme de lettres qu'il a accepté les fonctions de censeur ; vraiment cette crainte était mal fondée ; personne n'aurait commis cette erreur ; et si quelqu'un avait pu y tomber, son épître *aux missionnaires de l'irréligion* suffirait pour le détromper.

De bonne foi, M. Viellard a-t-il cru faire des vers en alignant tout de travers des phrases semblables à celles-ci :

« … Que le pontife prie, et que le prince règne …
« Parmi les plus *grands rois* Blanche a placé son nom.
« … Ces rois, ces prélats armés … contre l'abus ,
« Du *respect à la loi* prodiguaient les tributs …
« A la voix de Dieu même ils résistaient à Rome. —
« Loin d'ici donc ! de nous loin, profanes sectaires !
« Rome, Athènes , jamais …
« Ont-elles des autels outragé la splendeur ?
« Ah ! ces républicains , etc.
« Légataires ingrats des célestes faveurs.
« Nous les déshéritons des tributs de nos cœurs. »

Que M. Viellard renonce aux muses, nous l'en supplions : le ciel ne l'a point appelé à ces profanes occupations ; la censure lui tend les bras. A la vérité, ce n'est point une divinité de l'Olympe, mais toutes les déesses, pour n'être pas au ciel, n'en sont pas moins des divinités ; témoin les Parques et leurs ciseaux : le caractère de la censure est aigre ; mais s'il faut en juger par certains traits décochés contre les *félons du 20 mars, le parti grégorien* , et contre le *grand cheval de bataille de la philosophie moderne,* l'ame du bon ange Viellard n'est-pas tout à fait exempte de fiel ; et si jamais il y a divorce entre lui et la censure, ce ne sera pas, comme avec la poésie, pour incompatibilité d'humeur ».

Le morceau qu'on vient de lire, m'a été confié tout imprimé et recouvert de la redoutable croix à l'encre rouge, marque distinctive de l'excommunication prononcée par le comité des douze. Certes ! il est dur, pour le propriétaire d'un journal, de se voir condamner à perdre des frais d'impression pour ménager l'amour propre d'un mauvais poète. Il faut convenir aussi qu'il est toujours un peu fâcheux, pour un homme du métier, de s'exprimer en vers plats et ridicules, et qu'il est surtout cruel, pour un censeur de 1820, d'avoir fait causer en 1810, l'*Hymen*, le *Danube* et la *Seine*.

IMPRIMERIE DE MADAME JEUNEHOMME-CRÉMIÈRE,
RUE HAUTEFEUILLE, n° 20.